Nicole Durand

L'HYMNE À LA JOIE

Poèmes

JE SUIS DANS LA JOIE

La chorale dansait
Sur l'air « je suis dans la joie »
La chorale chantait
D'une seule voix
Elle s'enflammait
Avec une grande foi
L'oiseau lui répondait
Célébrant le Roi.

LA MONTAGNE

La montagne émaillée
De cerisiers blancs
De pics de neige habillée
À un air de printemps.
À la joie elle s'est éveillée
Comme le torrent
Qui dans le matin a brillé
De mille éclats d'argent.

EN ARAGON

Le sentier des buis

Serpente dans la colline

Joyeux, il emplit

Puissamment nos narines

Le troupeau de brebis

Se trouve dans la ravine

Le berger nous souhaite bon appétit

Elle a bonne mine,

La cascade de la Larri

Et vers la joie on s'achemine.

VIELLE-AURE

Dans le village affairé
Le chant du coq retentit
Je me sens apaisée
À écouter ces bruits
Un enfant nous envoie un baiser
Et la joie me remplit.
Aux tables de la fontaine, la garbure n'est pas mesurée
Et le vin nous ragaillardit.

L'AIRE D'AGOS

Nous marchons vers l'aire
D'Agos, bordée de cailloux
Cette promenade nous est chère
Et nous allons jusqu'au bout.
L'eau est comme du verre
Au loin la chapelle, petit bijou
Les pêcheurs ont de quoi faire
Dans ce matin si doux
Les ouvriers s'affairent
Et les enfants, joyeux, jouent.

DANS LE QUARTIER

Étendue sur le lit
Je capte tous les bruits
Le voisin siffle gaiement
Et célèbre le printemps.
L'abeille lui répond
Suivie par le bourdon.
Dans le ciel, l'avion ronronne
Et l'essaim bourdonne.
Tous les bruits me pénètrent
Et me donnent un supplément d'être.

CHANT DE JOIE

Mon chant porté par le Seigneur
Cherche le chemin de ton cœur.
En ce jour de résurrection
Il s'élance avec passion
Il t'indique la voie
Et te donne la joie.
Mon chant a jailli
Pour te communiquer la vie.

AU NIGER

À Torodi

La joie se lit

Dans les yeux des enfants

Qui jouent gaiement.

Ils ont une confiance absolue

En leurs parrains, de loin venus.

Grâce à eux, ils sortiront de leur misère

Et resteront sur leur terre.

SEMEUSE DE JOIE

La joie m'a saisie
En lisant le conte écrit
Par Paulette, maman de Monique
Il résonne comme une musique.
Poétesse au grand talent
Elle enchantait les enfants
Et transmettait l'amour
Au long des jours.

THÉRAPIE

La joie est une thérapie :
Elle m'élargit
Et me rend forte :
S'ouvre une porte.
Comme une onde
Elle est profonde
Elle me donne la constance
Dans la souffrance
Et me fiance
Avec la confiance

J comme joie

Revêts-moi de ta louange

Donne-moi ton plus bel habit

Ainsi, je me tiendrai devant toi

Avec ce manteau de joie

E comme Emmanuel
Emmanuel, Emmanuel
Il s'appelle Emmanuel

S comme Seigneur
Tu aimeras le Seigneur ton Dieu
De tout ton cœur et de toute ton âme.

U comme unité
Tous unis dans l'esprit, tous unis en Jésus
Nous prions pour que ce qui divise ne soit plus.

S comme sifflez
Sifflez, chantez oiseaux
Pour le roi des rois, si beau

UN CHOIX

La joie est un choix

La promesse se réalisera

Elle n'échoue jamais

Et transforme l'essai.

Elle donne la victoire

C'est un jour de gloire

Je remercie pour l'avenir

La joie est à venir.

UNE FORCE

La joie est mon alliée
Lorsque je suis découragée
Je fais la fête
Je chante à tue-tête
Je me réjouis avec Néhémie.
La joie est un secours
Elle m'accompagne au long des jours.
Je m'empare d'elle
Comme une hirondelle
Je m'envole à tire d'aile

UN DÉBORDEMENT

La joie a débordé
Lorsque la pluie a abreuvé la terre
Le dessèchement s'était installé
À cause de ma colère.
Comme un torrent, la joie a déferlé
Et submergé ma misère
Désormais, je ne veux plus errer
Mais aller vers le Père

.

À HOMPS-SAINT AMAND

À Homps-Saint Amand
Les coquelicots habitent les champs.
La campagne rutile
Les peupliers sont utiles
Et donnent de la fraîcheur
À maints promeneurs.
Avec Odile au piano, je déclame des poèmes
Dans cette nature que j'aime.
La musique nous accompagne
Et la joie nous gagne.

LES RÉCOLTES A VENIR

Jean-Paul est venu travailler
Dans le champ de pois chiche, avant la moisson.
Au milieu de la folle avoine, il a bataillé
Contre les tenaces chardons.
Les tournesols bien alignés
Se tournent vers le soleil pour de bon.
L'orge barbue s'est réveillée
Et grandit par bonds.
Les récoltes à venir, habillées
De blondeur chantent à l'unisson.

PETITE BALADE

Nous ne perdons pas les bonnes habitudes
Nous bannissons la solitude.
À la Pépinière
Les fleurs sont fières.
Dans le jardin, les poules
Picorent, en foule.
Chez Bacquié, c'est la valse des tracteurs
À tout instant, à toute heure.
Nous marchons d'un bon pas
L'été sue de joie.

COMBAT CONTRE LE CANCER

Elle se bat contre la maladie
Elle marche tous les jours.
Elle essaie de ne plus être en conflit
Elle vit au jour le jour
La lutte n'est pas finie
Le courage revient toujours
Elle se tourne vers l'infini :
La joie s'installe et l'Amour.

ASIA BIBI

Au Pakistan, Asia Bibi
Accusée de blasphème
Risque sa vie
Alors qu'elle aime.
Détenue depuis 2010, elle s'appuie
Sur sa foi, véritable emblème.
Les médias l'oublient
Mais la joie, elle parsème.

SI LA JOIE M'ÉTAIT CONTÉE

UN SAGE

En traversant le village

Je repense à ce sage :

Il était mon appui

Lorsque venait l'ennui.

Il était plutôt taiseux

J'en garde un souvenir heureux

Il avait une grande valeur

Il reste gravé dans mon cœur

UN SAGE

Deux yeux noirs dans un visage noir. Noir de cheveux, noir de cambouis. Mais sourire et sagesse éclatants. C'était un itinérant, de ceux qui vont de maison en maison, réparant voitures et camions. Son atelier ambulant : une voiture bourrée d'outils. Sa réputation s'était faite de bouche-à-oreille, si bien qu'il était très demandé, mais il n'allait pas dans toutes les maisons : il réparait les engins les plus vétustes, chez les gens les moins aisés ; aucun moteur n'avait de secret pour lui : dès qu'il l'entendait tourner, il savait de quoi il « souffrait ». Il redressait tout ce qui était tordu, décrassait, embellissait faisait briller comme un sou neuf. Il n'avait qu'une seule passion, la mécanique : « je suis amoureux de la mécanique » disait-il volontiers et lui avait tout sacrifié. Il vivait seul, dans une grande maison un peu délabrée. Sa seule compagnie, une dizaine de chiens qu'il avait recueillis, chiens errants comme lui. Il leur partageait son repas, leur parlait. Dans le village, on le qualifiait d'original, on le tenait à l'écart. Il se replia de plus en plus sur lui-même et ne parla plus qu'à de rares personnes et à ses chiens. Et pourtant, personne d'autre que lui ne savait mieux sonder les étoiles, la terre, le soleil. Depuis quelque temps, des taches brunes sur le soleil l'inquiétaient : cet astre n'allait-il pas consumer la terre ? Déjà une météorite projetée par le soleil, avait frôlé notre planète, il y a quelque dix ans. Et il consultait des ouvrages d'astronomie. Il avait sa culture à lui, bien autodidacte. Et sa vie se passait, allant de maison en maison. Mais les rendez-vous s'espacèrent. L'automne, cette année-là fut pluvieux. Travaillant aux quatre vents, il fut perclus de rhumatismes. Un matin, il se réveilla mais ne put remuer bras et jambes : il était paralysé. Il lutta longtemps mais tomba du lit. La souffrance le submergea et de courts gémissements s'échappaient de ses lèvres ; la situation s'imposa à lui dans toute sa brutalité : seul, sans voisin, il pouvait rester là longtemps, sans secours. Il n'avait pas de rendez-vous prévu, ces jours-là : sa détresse et sa solitude furent immenses ; c'est alors que des jappements se firent entendre et la porte s'ouvrit sous la pression des chiens. Dès qu'ils virent leur maître à terre, ils tournèrent autour de lui, comme éperdus. Puis ils se mirent à le lécher. Ils le léchèrent tant et tant qu'une douce chaleur l'envahit. À la fin de la journée, il pouvait déjà remuer un peu les membres inférieurs. Mais il ne pouvait toujours pas se mettre debout. Alors inlassablement, pendant deux jours, ils le léchèrent jour et nuit. Il put enfin retrouver l'usage de ses membres : il était sauvé. Tous ensemble ils firent la fête. Et il reprit son travail ; il gardait tout cela dans son cœur.

D'autres personnes souffrirent de rhumatismes : le mal s'étendait. Un éclair le traversa : pourquoi n'essaierait-il pas de soulager les gens atteints de cette maladie ?

Il réfléchit sur l'expérience qu'il avait vécue et conçut un appareil avec un petit moteur inutilisé qui dispensait de la chaleur. Les premiers essais furent concluants et il continua d'aller de maison en maison, réparant les moteurs et aussi la mécanique humaine.

Ainsi, les animaux avaient contribué à le réconcilier avec les hommes.

… ODE A LA JOIE »

LA SOURCE

Je n'ai plus de ressources
C'est le moment d'aller à la source :
La force de la joie
Me motivera
Je suis à nouveau pétillante
D'amour, débordante.
Quand j'étais déprimée
La joie m'avait réconfortée.

SOUPLESSE

Je me laisse porter par le courant
Je ne vais pas à contre-courant.
C'est le mouvement de la vie
Je suis dans l'aujourd'hui.
Je laisse fleurir la joie
C'est mon choix.
J'ai la joie à fleur de peau
Je lâche mon ego
Je la fais durer
C'est déjà l'éternité.

DANS LES FENTES DU ROCHER

La colombe se cache
Dans les fentes du rocher
Elle est sans attache
Mais appelle son bien-aimé :
Pur et sans tache
Il répond à sa bien-aimée.
Comme la bernache
Vers lui, joyeuse, elle va s'envoler.

LOS LLANOS DE LA LARRI

Les sources dévalent les pentes
Et leur bruit nous enchante.
Au creux des rochers
Les œillets sont cachés.
Au fur et à mesure que nous grimpons
Le paysage, nous admirons.
Aux llanos de la larri
La joie se multiplie.

LA BRISE D'AURE

La brise d'Aure nous rafraîchit
Lorsque vient midi.
Assis sur la terrasse, nous dégustons
Les légumes de saison.
L'odeur des pins
Apporte un air marin.
L'été chasse le printemps
Et nous réjouit pleinement.

LES BREBIS

Leurs sonnailles, j'entends
Et cela me détend.
Le troupeau broute l'herbe
Consciencieusement, il désherbe.
Il porte sur le corps
Des étoiles comme un trésor.
À contempler les brebis
La joie m'envahit.

AFRICA

Africa, berceau de l'humanité
Tes enfants souffrent tant.
Je me sens appelée
Par toi, tu m'attends
Tu nous remplis de gaieté
Avec le sourire d'un enfant.
Malgré la misère exacerbée
Tu renforces mes sentiments
De joie, de paix retrouvées.

« LE TEMPS DES CERISES »

Au bord du chemin

Le cerisier me tend la main.

Les fruits merveilleux

Rassasient les yeux.

Je me régale à croquer

Les cerises sucrées.

Le cerisier me ramène à mon enfance

Où les goûters de cerise étaient gais et denses.

SAGESSE

Je cultive la joie
Elle m'aide à traverser
Les moments d'effroi
Lorsque vient la saison redoutée.
Elle supprime mon émoi
À une idée adéquate, elle est liée.
La joie est en moi
La vie est retrouvée.

PROMENADE

Le jardin de légumes
Sous le soleil fume.
Le lac étincelle
La vue est belle.
Sur le chemin du gaz, nous marchons
Dans cette nature, véritable don.
Le ruisseau, joyeux, chante
Le long de la pente.

AU REVOIR

Vous nous avez donné de la joie
On ne vous oubliera pas.
Vous serez dans nos prières
Sans aucune barrière.
Nous vous porterons dans notre cœur
À tout instant, à toute heure.
Nous essaimons...
Nous vous aimons.

COMPARAISON

La comparaison poursuit son chemin
Elle vole notre joie chaque matin :
C'est beaucoup mieux chez le voisin.
La comparaison a volé notre destinée
Car on s'est arrêté
À quoi bon continuer ?
Au contraire il faut travailler nos dons
Donner et recevoir des pardons
Dans notre champ, semons.

TA PRÉSENCE

Dans le jardin de ta présence
Règnent la paix et la joie :
C'est le temps de l'abondance
Près de toi, près de moi.
Ma relation est dense
Lorsque je me tourne vers toi
Je me jette dans la danse
Mon cœur est en émoi.

DES GENS ORDINAIRES

Avec des gens ordinaires
Il fait des choses extraordinaires
Il me donne son appui
Il m'a choisie.
Le doute s'achève
Il me donne des rêves
Je me sens ordinaire
Mais je vais marcher dans l'extraordinaire.

L'ACCOMPAGNEMENT

Être à l'écoute de la personne âgée
Par notre présence, la revigorer
Avoir de l'empathie
Avec elle, relire sa vie
Apporter un soutien moral
Créer un lien social
Être présent dans ce moment
Être là dans l'accompagnement
La personne âgée nous apporte beaucoup
Elle nous pousse à aller jusqu'au bout
Elle nous fait sortir de notre moi
Et nous donne de la joie

UN SUJET DE JOIE

J'entrerai dans ses portes
Avec la joie dans le cœur
La promesse est forte
Elle nous remplit de bonheur
La tristesse est morte
Il n'y en a plus à cette heure
La joie nous emporte
S'en est allé le malheur.

VIENS DANS MA VIE

Viens dans ma vie
Je t'ai gravé dans mes mains
Tu seras affranchi
N'oublie jamais que demain
Sera mieux qu'aujourd'hui
Chante ce refrain
Rien n'est jamais fini
Je t'ai gravé dans mes reins
La joie a retenti.

COMME LE PALMIER

Le palmier grandit
Aussi longtemps qu'il vit
Il a trouvé la source
Et n'arrête pas sa course
Sept fois plus longue que le tronc
Est sa racine, comme un don
Plein de sève et verdoyant
Il porte un fruit abondant
Même dans sa vieillesse
Il ne craint pas la sécheresse
Comme le palmier prospère
Ma joie s'accélère.

ELLE DANSE AVEC SON FAUTEUIL

Anne-Marie danse avec son fauteuil
Et cela me remplit de joie.
Elle ne reste plus sur le seuil
De la piste et s'en donne à cœur joie.
Telle un écureuil
Elle s'élance et tourne comme pour un envoi
Sa légèreté est accueil
Du handicap et donne la foi.

AU SUD SOUDAN

Au Sud-Soudan, la faim
Tourmente les gens, sans lendemain.
La famine et la guerre tuent les enfants
Le problème est récurrent.
La Croix-Rouge largue des sacs de sorgho
La solution semble venir d'en haut
Les Soudanais accueillent avec joie
Ces présents du ciel en émoi.

« L'HYMNE A LA JOIE »

« O maître de la nature
Toi qui fais germer les blés
Bénis notre nourriture
Donne à tous de quoi manger.
Nous qui sommes tous des frères
Apprends-nous à partager
Pour que sur la terre entière
Tous les hommes
Puissent te louer »
J'entonnais ce chant
Pour notre président ;
Peut-être n'y aura-t-il pas d'état de grâce
Mais bien plutôt de disgrâce
Alors nous le porterons
Nous prierons
Pour qu'il réussisse
Qu'il réunisse
La France divisée
Profondément fracturée.

Direction d'ouvrage :
« Dialoguer en poésie »
15 rue de Sardac 32700 Lectoure

http://pierre.leoutre.free.fr/dialoguerenpoesie

et avec le soutien de l'Association « Le 122 »
15 rue Jules de Sardac 32700 Lectoure

http://pierre.leoutre.free.fr

Photo de couverture avec l'aimable autorisation de :
Association MOND'ACTION
BP N° 17
32120 MAUVEZIN
info@mondaction.net

Créée le 19 août 1996 par Joëlle et Denis Bordeneuve, l'association MOND'ACTION qui va bientôt fêter ses 20 ans d'existence, a pour but principal de porter secours à l'enfance et aux familles en détresse à travers 3 axes : Santé, Éducation et Développement local.

MOND'ACTION intervient aujourd'hui principalement en Afrique : au Niger et au Togo, mais aussi sur le Mali et le Burkina Faso. Grâce à des partenariats avec des ONG françaises et internationales, ainsi que des associations autochtones locales, MOND'ACTION a pu mener à bien plusieurs projets d'envergure qui sont aujourd'hui reconnus et soutenus par les autorités des pays concernés. Nous travaillons toujours de concert avec les villageois que ce soit dans l'évaluation des besoins locaux, l'écriture des projets ou leurs mises en œuvre.

Nous privilégions la concertation, la formation et l'implication des équipes locales, via des partenariats et des échanges multiples, dans le but d'assurer une gouvernance, une autonomie et une durabilité des projets optimales. Aujourd'hui nous sommes heureux de compter plusieurs milliers de bénéficiaires annuels, que ce soit par la dispense de soins de qualité, l'accès à l'éducation, le placement en centre d'accueil, ou encore l'embauche d'hommes et de femmes sans activité sur tous ces projets.

Éditeur :
Books on Demand GmbH,
12/14 rond-point des Champs Élysées,
75008 Paris, France

Impression :
Books on Demand GmbH, Norderstedt, Allemagne

ISBN : 9782322174621

Dépôt légal : juillet 2017

www.bod.fr